Couverture inférieure manquante

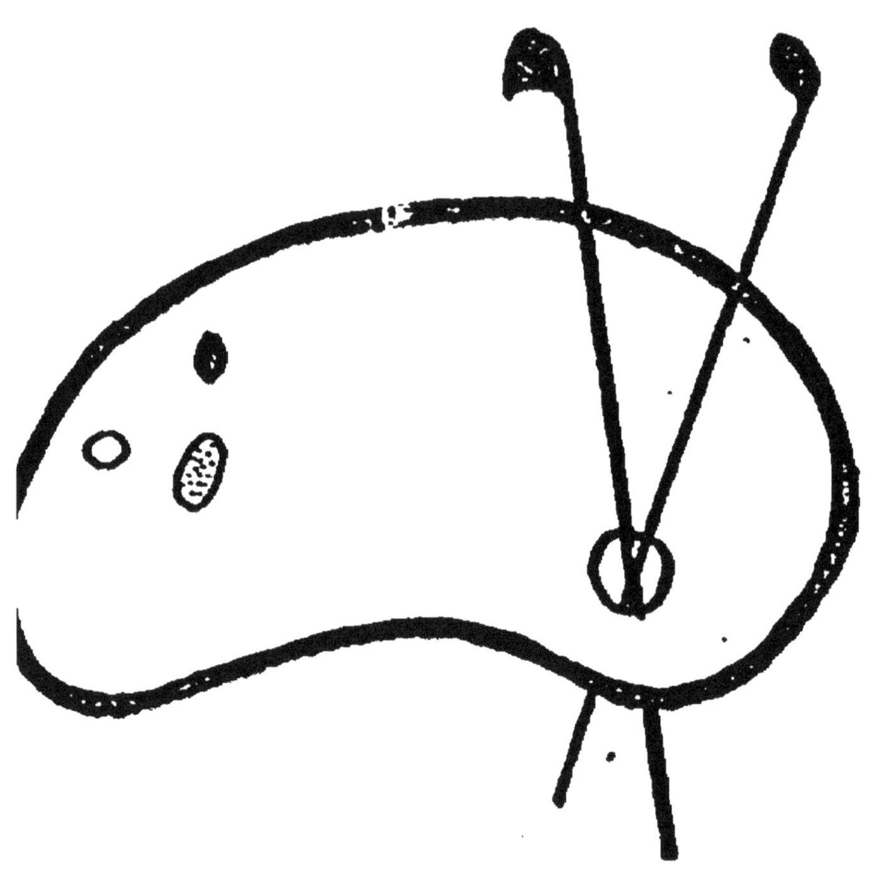

DEBUT D'UNE SERIE DE DOCUMENTS
EN COULEUR

LE

LIVRE DES MORTS ÉGYPTIEN

DE LA 18e A LA 20e DYNASTIE

PAR

Édouard NAVILLE

INTRODUCTION :

CHAPITRE PREMIER

L'Édition thébaine du Livre des Morts

CHAPITRE DEUXIÈME

Le Livre des Morts, sa signification, son histoire et son écriture

TULLE

IMPRIMERIE CRAUFFON, ADMINISTRATIVE ET COMMERCIALE

1909

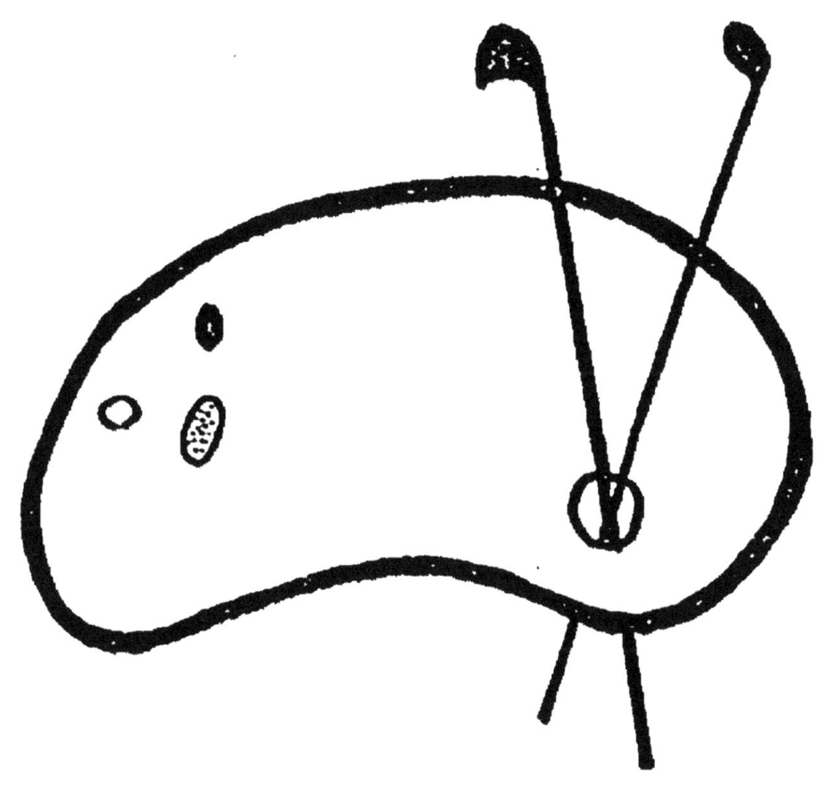

FIN D'UNE SERIE DE DOCUMENTS
EN COULEUR

LE LIVRE DES MORTS ÉGYPTIEN

DE LA 18e A LA 20e DYNASTIE

LE

LIVRE DES MORTS ÉGYPTIEN

DE LA 18e A LA 20e DYNASTIE

PAR

Édouard NAVILLE

INTRODUCTION :

CHAPITRE PREMIER

L'Édition thébaine du Livre des Morts

CHAPITRE DEUXIÈME

Le Livre des Morts, sa signification, son histoire et son écriture

TULLE

IMPRIMERIE CRAUFFON, ADMINISTRATIVE ET COMMERCIALE

1909

LE LIVRE DES MORTS ÉGYPTIEN

DE LA 18e A LA 20e DYNASTIE

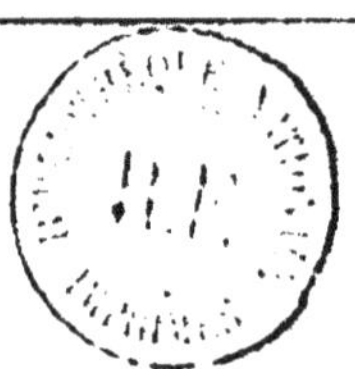

Chapitre Premier

L'Édition thébaine du Todtenbuch

Lorsque, en 1842, Lepsius publia le grand papyrus de Turin, qu'il nomma le *Livre des Morts*, il amena les égyptologues sur un terrain scientifique qui, jusque-là, était resté inexploré. Il leur livrait, suivant son expression, l'œuvre littéraire du plus grand ensemble d'écrits que nous aient laissé les Égyptiens.

Champollion, avant lui, avait déjà reconnu le contenu général du livre et remarqué qu'un nombre important de répétitions de ce texte se trouvait dans les collections européennes. Dans ses ouvrages, notamment dans sa grammaire, il en a cité quelques passages, mais il n'en a pas fait l'objet spécial de ses études. Lepsius comprit dès l'abord l'importance d'un livre qui était le *vade mecum*, le passeport du mort, et que celui-ci emportait avec lui. Les Égyptiens tenant à posséder un exemplaire de ce livre, et ce livre ayant tous les caractères d'une œuvre religieuse, il promettait de nous éclairer sur la foi de ces temps reculés, sur les dieux, sur la mythologie et sur tout ce qui s'y rattache. Ce livre nous étant en outre parvenu en un très grand nombre d'exemplaires émanant d'époques différentes, et chacun présentant de nombreuses variantes, il formait le domaine le plus propre aux études philologiques pour la connaissance de la langue égyptienne : là, de nombreuses difficultés devaient trouver leur solution.

Ce dernier point de vue, l'importance philologique du todtenbuch, Lepsius semble surtout être prévenu en sa faveur. Pendant qu'on constatait l'insuffisance des publications de textes faites jusque là, il se saisit du plus vaste papyrus qu'il trouva, celui de Turin. En 1836, il en fit lui-même un calque qu'il collationna à son voyage suivant de 1841. Cette copie, que l'habile artiste Weidenbach lithographia, forme avec une introduction *Le Livre des Morts des Egyptiens.*

Abstraction faite de ce que le papyrus choisi par Lepsius est plus complet que le papyrus Cadet, dont la publication avait précédé, son édition avait le grand avantage d'une nouvelle distribution. Cette distribution, — nous le verrons ci-après — la seule possible, la seule reposant sur un principe pratique, en rendait commode l'usage du livre et en facilitait beaucoup les renvois et les citations. Aussi les égyptologues se sont si bien accoutumés à cette édition qu'y apporter des modifications serait fâcheux.

A peine les Egyptologues eurent-ils commencé l'étude du todtenbuch qu'ils remarquèrent que ce texte était hérissé de difficultés. Celles-ci sont de diverse nature et se rapportent d'abord au livre même et au style dans lequel il est écrit. Le mysticisme qui y règne, l'abondance des formes, l'étrangeté des images, l'impossibilité de reconnaître comment les Egyptiens rendaient les idées abstraites, même les plus simples, tout cela soulève des obstacles sur lesquels le traducteur doit constamment buter. Si bien qu'une phrase facilement intelligible au point de vue philologique et dans laquelle les mots de la grammaire ne nous mettent dans aucun embarras, n'en conserve pas moins que trop souvent un aspect étrange, voire burlesque ; nous avons compris la forme, mais nous n'avons pas pénétré jusqu'à l'idée qu'elle recèle.

Ces difficultés apparaissent, même accrues, dans le texte édité par Lepsius. Ce document, en dépit de sa beauté graphique, n'est pas de beaucoup un des plus corrects ; il fourmille de fautes de toute espèce que les égyptologues exercés ont aussitôt constatées. En outre il n'est nullement très ancien, remontant au plus tôt, dans l'opinion de Lepsius, au temps des psammétiques et vraisemblablement seulement à l'époque ptolémaïque. C'est donc un texte n'offrant aucune garantie de correction et qui ne donne aussi qu'une rédaction postérieure du *Livre des Morts*. Aussi la plupart des égyptologues ne le citent-ils aujourd'hui qu'avec prudence, et sans vouloir atténuer le mérite de la traduction de Birch, la plus ancienne, et celui de la traduction plus récente de Pierret, je crois pouvoir affirmer que pas un égyptologue aujourd'hui n'oserait tenter la traduction du todtenbuch sur la seule base du texte de Turin.

Il s'agissait donc de remédier à ce fâcheux état de choses, et à cet effet il y avait deux voies pour obtenir le conditionnement d'un meilleur texte : publier des papyrus écrits correctement ou rétablir les bonnes leçons à l'aide des nombreux documents. La première voie a été suivie par M. E. de Rougé. Dans sa belle étude sur le rituel funéraire, le savant académicien part de ce fait que les papyrus funéraires sont, à l'origine, écrits en hératique et que les textes hiéroglyphiques ne sont que la transcription des hiératiques. L'étude, d'après cela, devrait commencer par ces derniers et par ce moyen beaucoup de fautes des papyrus en hiéroglyphes s'expliqueraient d'elles-mêmes. Par application de cette vue, M. de Rougé a commencé la publication du papyrus hiératique le plus étendu de la collection du Louvre. Cette édition encore inachevée ne répond cependant qu'imparfaitement au but poursuivi, parce qu'elle donne un papyrus postérieur à la 26e dyn. qui, par conséquent, est postérieur à la grande révision et codification du Todtenbuch qui dut être faite à cette époque (1). D'ailleurs le savant académicien semble bien n'avoir en vue que le *Livre des Morts* de la dernière époque. La nécessité de remonter plus haut n'échappa pas cependant à son esprit pénétrant, car il écrit : « Il est impossible de tenter avec quelque vraie chance de succès la traduction d'une partie quelconque du rituel sans avoir comparé un certain nombre de manuscrits, et avoir fait une sorte d'étude historique sur l'âge des variantes et leur autorité; mais il est facile de comprendre combien de temps exigent ces travaux préparatoires si minutieux ; il faudra bien souvent exploiter de nombreux musées avant d'avoir réuni les matériaux nécessaires à l'intelligence d'un seul chapitre. » (2)

Fixer une recension correcte du *Livre des Morts* à l'aide de la comparaison des divers documents, c'est-à-dire fixer le texte critique de ce livre, c'était là un travail indispensable, mais il ne pouvait être tenté tant que la connaissance de la langue égyptienne n'était qu'insuffisamment développée. Il faut être sorti des phases du pénible déchiffrement avant d'aborder la critique des textes. Rien ne montre mieux les progrès accomplis dans cette voie, rien ne justifie de façon plus décisive la possession vraiment acquise d'une langue que le fait par un savant d'entreprendre la critique d'un texte donné. C'est encore à Lepsius qu'on est redevable de cette première tentative qui, de fait, ne fut encore qu'imparfaite;

(1) Je dois dire la même chose du papyrus T. 16 hiératique publié par le Dr Leemans ; la publication du papyrus T. 11 hiéroglyphique a été au contraire beaucoup plus importante et utile.
(2) Etudes sur le rituel, revue archéologibue 1860 I. p. 72.

elle n'en traça pas moins le chemin à suivre, et elle mit de plus en évidence l'importance d'un tel travail. Dans sa savante introduction aux « plus anciens textes du todtenbuch », Lepsius a établi, pour quelques lignes du chap. 17, la comparaison nécessaire pour arriver à mieux comprendre le fragment qu'il venait de traduire, et à cet effet il a mis à côté des textes du moyen empire, sur les cercueils par lui publiés, un texte de la 18e dynastie, le tombeau d'Amenemha(*Ta*)et le texte de Turin. Les différences importantes qu'il trouva entre la version saïte ou ptolémaïque et celles des époques plus reculées l'ont amené à se demander s'il n'y avait pas lieu de rechercher ce qu'a été le todtenbuch au cours des divers siècles, s'il n'a pas subi d'importantes modifications, si ce livre n'a pas eu son histoire. La reconstitution du livre et l'étude des diverses phases par lesquelles il a passé, telles étaient les idées chères à son premier éditeur qui, plus que personne autre, était en état de juger de la valeur d'un tel travail pour la connaissance de la mythologie et de la langue égyptiennes. Mieux que tout autre, il pouvait apprécier quelles difficultés rencontrerait l'exécution de son idée, mais c'était un désir qui lui tenait au cœur et qu'il a exprimé maintes fois à l'auteur de ces pages de vive voix et par lettre.

Lors donc, quand en septembre 1874, le congrès des orientalistes réunit à Londres de nombreux égyptologues d'importance, Lepsius jugea l'occasion favorable pour amener les plus célèbres représentants de la science à l'exécution de l'œuvre qu'il projetait. Dans une séance particulière de la section égyptologique, fut prise une décision de la teneur de laquelle, je reproduis ici quelques phrases :

« Dans ce moment spécial de l'avancement des études égyptiennes il a paru qu'une édition de la bible des anciens Egyptiens, appelée *rituel* par Champollion et *Livre des Morts* par Lepsius, aussi critique et complète que possible, doit être prise en considération sans aucune hésitation. Une telle édition présenterait une triple récension des plus vénérables monuments de l'Égypte au point de vue de la langue, de l'archéologie et de la religion ; elle nous donnerait le *Livre des Morts* dans ses textes, — 1° sous le premier empire, 2° sous les dynasties thébaines du nouvel empire, 3° sous les Psammétiques (26e dyn.) »

Dans la même séance, le choix fut fixé de l'égyptologue qui, tout d'abord, devait aller visiter les musées et voir ce qu'ils contenaient. La décision, aussitôt communiquée du Congrès, fut acceptée par l'élu. Dès son retour à Berlin, Lepsius se hâta de soumettre, conformément à un engagement pris dans le Congrès, le plan conçu à l'Académie de Berlin, qui généreusement consentit à débourser une somme de 5.000 marcs pour les travaux préparatoires, tandis que le gouvernement prussien votait d'avance une somme de 4.800 thalers pour la publication de l'œuvre, ce qui a eu lieu.

Lors de mon voyage à Berlin en 1875, j'ai commencé à procéder à l'exécution de la décision du Congrès. Au préalable, pour marquer l'origine internationale de l'entreprise, un comité de quatre membres avait été nommé, composé de MM. Birch, Chabas, Lepsius et Naville. Celui-ci publia, vers la fin de 1875, une circulaire s'adressant aux directeurs de musées et aux propriétaires de collections qui pourraient posséder des papyrus, pour solliciter leur bienveillant appui. Depuis cela, j'ai par deux fois, au Congrès orientaliste de Florence (1878) et à celui de Berlin (1882), informé mes associés à l'œuvre des progrès de mon travail.

La circulaire de 1875 s'en tenait encore à l'idée du Congrès de Londres et parlait d'une édition à trois compartiments : d'abord les textes de l'ancien empire comprenant tous les fragments antérieurs à la 17e dynastie et qui se trouvent soit sur des sarcophages, soit dans des papyrus;

ensuite les textes thébains de l'époque des grandes dynasties thébaines qui étaient à reconstituer à l'aide des papyrus épars dans les différents musées, chacun d'eux ne contenant que quelques chapitres du livre ; enfin la rédaction Saïte qui devait fournir une comparaison du livre de Turin avec les textes de la même époque ou postérieurs. Déjà, à mon premier voyage à Londres en 1876, j'avais acquis la conviction que la décision, comme elle avait été conçue, était inéxécutable ; qu'elle implique bien plus de trois problèmes différents qui ne se peuvent résoudre dans un seul travail parallèle ; que l'une des parties n'a pas été exactement appréciée dans son étendue et son importance, — j'entends la reconstitution du texte thébain. D'où suit que j'annonçais au Congrès de Florence que le comité était résolu à modifier le plan originel et avait l'intention de se borner à l'édition hiéroglyphique du *Livre thébain des Morts*, allant de la 17e dynastie jusqu'à la 20e.

Différents motifs, dont la valeur pour quelques-uns n'est apparue que depuis les dernières découvertes, conseillaient ce changement. Jusqu'en 1879 on ne connaissait que très peu de textes de l'ancien et du moyen empire ; on n'avait que les textes d'un cercueil d'une reine de la 11e dynastie, à présent détruit sauf un petit fragment qui, avec la collection Harris est entré au musée britannique et dont nous possédons une copie qu'a faite sir Gardner Wilkinson. Il y avait, en outre, le cercueil d'*Amam*, de la 11e dynastie du musée britannique, qui vient justement d'être publié ; enfin, les cercueils de Berlin publiés par Lepsius. On ne pouvait tirer de là une édition d'un livre des morts; l'eut-on faite, que le travail à peine achevé, il eut fallu le recommencer. Bientôt après, en effet, on a découvert une quantité considérable de textes qui, sûrement, formaient un livre des morts de l'ancien et du moyen empire notamment les textes des Pyramides dont des répétitions se trouvent même dans des tombeaux passablement postérieurs, D'autre part, de nouvelles copies de textes de ce qui est proprement le livre des morts, ont été découverts, par exemple, dans la tombe d'*Harhotep*, actuellement au musée de Boulaq. Tout cela prouve qu'en ce qui concerne l'ancien et le moyen empire, nous n'en sommes qu'au commencement; qu'il y a un ou plusieurs livres funéraires dont une partie a été perdue ou remplacée par *Le Livre des Morts* et qu'on devra tôt ou tard les reconstituer dans leur intégralité. Si ce travail n'est pas possible encore, combien il l'était moins à l'époque où Maspero ne nous avait pas encore enrichis de ses belles découvertes.

Il y a, d'autre part, dans les musées, sans parler des collections privées, une quantité énorme de papyrus hiéroglyphiques ou hiératiques de l'époque Saïte ou Ptolemaïque. Le nombre en est si grand qu'une collation complète dépasserait les limites et les forces d'une vie humaine, sans compter que l'utilité d'un tel travail serait très douteuse. Il est certain qu'à une époque, probablement celle des Psammétiques, le Todtenbuch a été révisé et modifié. Alors a été établi le texte définitif. Ce fut une rédaction acceptée dont on ne s'écarta que très peu depuis lors et chargée de gloses en des passages que les Scribes du temps ne comprenaient peut-être pas, mais que l'on recopiait toujours fidèlement dans les textes hiéroglytiques et hiératiques. Non pas qu'on y ait apporté une fidélité semblable à celle des copistes des textes hébraïques; mais il faut tenir compte du caractère très particulier de la langue égyptienne, surtout de son écriture qui n'a pas de règles bien déterminées, pour comprendre la multiplicité des leçons de lecture qui ne s'écartent pourtant des textes reçus que dans des limites restreintes. On a admis dans le codex Saïtique tous les chapitres qui devaient entrer dans le Todtenbuch et on leur a donné un ordre définitif.

Chacun d'eux a reçu une place fixe, voire même leurs passages qui se trouvaient intercalés deux fois ; on en a rejeté en outre un certain nombre que l'on rencontre aux époques plus anciennes ; en revanche on a accueilli les quatre derniers chapitres qui n'existent pas dans les papyrus plus anciens. Auparavant il n'existait aucun ordre de succession dans les chapitres, abstraction faite de quelques particularités communes qui semblent reposer davantage sur une habitude que sur une règle. Depuis les Saïtes, la succession des chapitres est bien arrêtée et il est rare d'y rencontrer de grosses divergences. De tout cela resulte qu'une comparaison des papyrus de cette époque récente ne donne que fort peu de résultats, à l'exception peut-être de maintes particularités dans le mode d'écriture ; j'en ai fait l'épreuve à Turin sur une vingtaine de papyrus de cette époque et je n'ai relevé que des variantes insignifiantes.

Entre ces deux éditions, celle de l'ancien et du moyen empire, et celle des temps post-saïtes se présentait l'édition des grandes dynasties thébaines, beaucoup plus étendue que la première et beaucoup plus riche que la seconde. Indépendamment des considérations qui imposaient l'obligation de mettre de côté les deux autres rédactions, la troisième a acquis une importance toute particulière et inattendue par le nombre considérable des documents de cette époque dont la présence dans les musées nous a été révélée, et qui était plus ou moins inconnue auparavant de Lepsius lui-même. Que l'on considère la liste des documents donnée par Lepsius dans l'introduction à ses *Anciens textes du Livre des Morts*, et qu'on la compare à celle des documents qui entrent dans la présente édition, et on pourra juger du nombre et de la valeur de ceux qui m'ont passé sous les yeux. Ces documents faisaient revivre tout le *Livre des Morts*, sauf, il est vrai, quelques chapitres, mais d'autre part accru de ceux qui s'étaient perdus avant l'époque Saïte ; il se produisait en outre un nombre infini de variantes de toute espèce dont l'assemblage paraissait très intéressant. En présence de tant de richesses inespérées, il fut décidé de mettre en œuvre l'édition thébaine et d'enfermer dans cette limite tout le travail projeté

Au commencement, on avait eu de l'hésitation sur quelques points, sur celui par exemple des variantes à reproduire ; et, cependant, les principes généraux avaient été bien posés. On avait exprimé la pensée de prendre pour point de départ le papyrus de Turin, et d'en donner comme une collation avec l'édition thébaine; mais cette manière de procéder fut abandonnée ; car les variantes sont si nombreuses, les rédactions de quelques chapitres si divergentes et les vignettes souvent si différentes que le tout eut formé un ensemble qu'il eût été difficile de reproduire et peut-être plus difficile encore d'utiliser. Ces deux éléments rapprochés et comparés étaient trop dissemblables. Un tel procédé était en outre de nature à bouleverser la suite chronologique. Si l'on veut établir plus tard une comparaison entre l'ancien et le nouveau texte, n'est-il pas plus logique de commencer par celui qui est antérieur et plus ancien et de poursuivre dans ce sens les modifications qu'il a subies, plutôt que de remonter du plus récent à celui qui s'offre à l'origine. Puisqu'il y avait un texte thébain dont celui des Saïtes est dérivé, pourquoi ne pas le reconstituer d'abord ? Pourquoi ne pas rétablir dans toutes ses parties ce livre dont tous les éléments çà et là dispersés existaient ? On livrait ainsi à la science quelque chose d'entièrement neuf, car jusqu'ici un seul des anciens papyrus, celui de *Nebqed*, ne contenant qu'une faible partie du livre, avait été publié par MM. Deveria et Pierret.

On se trouvait cependant en présence d'une difficulté qui ne se fait pas sentir pour l'époque postérieure. Les papyrus thébains, même les plus grands, n'embrassent qu'un nombre limité de chapitres du Todtenbuch, aucun n'en contient plus de 90 sur les 165 dont il se compose, de sorte que le texte fondamental, pour l'établissement d'une édition critique et comparative des textes thébains, dont on devait partir, faisait défaut, il fallait donc le créer d'abord. Aucun texte thébain n'étant complet, il fallait nécessairement emprunter la base ou le texte fondamental à plusieurs sources originelles.

Le premier pas important fait dans cette voie fut l'établissement photographique d'un papyrus que les administrateurs du Musée britannique provoquèrent en 1876, du papyrus 9900, le plus grand et le plus important de cette collection. Ce document me livrait déjà beaucoup de chapitres et. tandis que je prenais autant que possible son texte comme base, je relevais les variantes de presque tous les autres papyrus du Musée. Quand je rencontrais un nouveau chapitre ne se trouvant pas dans le papyrus 9900, j'en faisais un calque et je complétais ainsi la collection. L'année suivante, pendant un long séjour que je fis à Paris, il me fut permis d'étudier à fond le papyrus de *Mesemneter* (Ca) et celui du Louvre III, 93 (Pb) dans lesquels je trouvai un très grand nombre de chapitres. J'ai toujours procédé de la même manière. Partout où j'avais une base, je collectionnais les variantes et je calquais le texte que je rencontrais pour la première fois, afin de m'assurer cette base que parfois cependant j'ai remplacée par une autre, quand il m'est arrivé de trouver un exemplaire plus correct et plus complet. C'est principalement à l'aide de ces trois papyrus que j'ai reconstitué la plus grande partie du livre thébain *des Morts*, comme on peut le voir par le petit nombre des bases que j'ai empruntées aux autres documents.

De cette manière. je ne me suis pas seulement assuré un texte fondamental, mais j'ai encore toujours reproduit ainsi un texte donné tel qu'on peut le retrouver là même où je l'ai emprunté. Je n'ai pas, à la manière des éditeurs des classiques grecs et latins, essayé de corriger, à l'aide des variantes, le texte qui me paraissait défectueux. Il m'importait de donner à mon travail un caractère aussi peu personnel que possible. Je voulais mettre mes associés à même de faire la critique des textes et ne pas l'exercer moi-même. Il s'ensuit que les changements, compléments, corrections, conjectures, tout cet appareil qu'on trouve dans les éditions des tragiques grecs, par exemple, sont absolument absents de cette edition du *Livre des Morts*. Ce n'est pas que l'occasion ne se soit offerte de faire de la critique, mais il y a trop de faits particuliers sur lesquels les opinions des égyptologues diffèrent. Il faudrait expliquer les corrections, les commenter même et cela, à mon sens, enlèverait à l'édition une partie de sa valeur, En l'état de choses, à toute proposition et à toute variante correspond l'indication d'une source précise ; il n'y a là aucune disposition ou combinaison artificielle dans laquelle le sens critique de l'éditeur aurait dû se montrer. Réservons l'avenir des futurs travaux. Alors qu'aujourd'hui nous possédons les matériaux et pas seulement les textes des dernières époques, nous pouvons mettre en œuvre la vraie critique du texte en suivant la méthode voulue pour les langues écrites.

Dès la première heure j'ai renoncé à rien changer à la distribution proposée par Lepsius. Champollion avait essayé d'une autre, sans jamais il est vrai, la fixer dans son détail, mais dont nous connaissons le principe qui a été accueilli par Hincks (1). Il avait partagé le livre en trois parties: la première allant du chapitre 1er au chapitre 15, la seconde s'arrêtant au chapitre 125 ; la troisième était

(1) Catalogue des manuscrits égyptiens de la librairie du Trinity Collège, Dublin, p. 22.

partagée en paragraphes ou groupes. Cette distribution peu commode n'est possible que pour les papyrus de date postérieure, où l'ordre de succession des chapitres est constant. Dans les anciens textes où, généralement, l'ordre des chapitres n'existe pas, elle est inadmissible et Champollion luimême y aurait sûrement renoncé s'il eût étudié les textes d'époque thébaine. Mais la plus grave objection qu'on puisse faire à cette distribution c'est qu'elle est même contraire à l'esprit et au caractère du Todtenbuch. Elle suppose que ce livre a un commencement et une fin et qu'il est disposé dans un ordre systématique. Or, ce n'est rien moins que le cas. Le Todtenbuch est un assemblage de morceaux distincts qui n'ont en général aucun lien entre eux. La présence d'un chapitre ne commande pas celle de celui qui précède ou de celui qui suit. A une certaine époque, sous les Saïtes, on a réuni des morceaux indépendants les uns des autres et on les a rangés dans un ordre définitif; mais on se tromperait fort si l'on croyait qu'un système philosophique ou religieux a présidé à cet arrangement. C'est simplement un classement artificiel dont nous ne connaissons pas le principe mais qui ne repose ni sur la doctrine ni sur la chronologie, bien qu'il établisse nettement que les quatre derniers chapitres sont d'origine plus récente que les autres. Bien que nous ne soyons pas encore arrivés à une intelligence complète du livre, nous ne pouvons pas moins cependant y discerner des groupes différents; quelques-uns sont nettement caractérisés et si leurs chapitres étaient mis ensemble ils formeraient un Todtenbuch suffisant et complet sans qu'il fut nécessaire de lui en adjoindre d'autres; et cependant tout cela se trouve confondu dans le codex des Saïtes qui ne tient aucun compte des répétitions si fréquentes qu'il renferme.

Tout cela fait une classification malaisée dans son esprit et dans son contenu, en tous cas impraticable sous le rap-

3

port des dates. Qu'y a-t-il de plus pratique que le simple dénombrement adopté par Lepsius? Cette distribution ne tient pas compte du contenu des chapitres, elle ne systématise rien, mais elle procure une grande facilité pour l'utilisation du livre et repose sur le juste principe. Tout ce qui dans le papyrus de Turin a un titre, que le morceau s'appelle ro ou shat, est un chapitre numéroté, qu'il soit long ou qu'il soit court, n'importe. Dans quelques cas cette distribution est allée trop loin. Ainsi le chapitre 16, qui ne consiste que dans des représentation afférentes au chapitre 15, ne devait pas avoir un numéro à lui; aussi peu logique était-il de séparer le 149 du 150; et si on ne voulait pas faire de distinction entre les quatre parties du chap. 125 et dans la rédaction du chap. 110 relatif aux Champs Elysées, ces rédactions devaient porter le même numéro, comme le texte leur servant d'introduction. Il était inutile aussi de donner des numéros spéciaux aux répétitions de ces textes. Comme il y a cependant des relations entre tous ces éléments, cela n'empêche pas la distribution d'exister et elle est devenue si usuelle que toute tentative pour la modifier ne pourrait qu'amener du désordre. Tout égyptologue sait que le chap. 42 contient l'énumération des parties du corps, le 110 les Champs Elysées et le 125 la confession et la psychostasie. Je répète que cet arrangement n'est pas celui des anciens papyrus, le dénombrement ne se rapporte qu'à ceux de l'époque Saïte. Mais nous devons nous en tenir pour satisfaits, n'ayant rien autre de bien établi à mettre à la place.

Comme on le remarquera, les chapitres non contenus dans le livre de Turin figurent pour la plupart avec des numéros annexés aux 165 du livre et y faisant suite. Cependant un certain nombre de chapitres ont été intercalés après tel ou tel chapitre quant ils paraissaient s'y rattacher si étroitement qu'il était impossible de les en séparer Je donnerai ici comme exemple le chapitre 136 qui est beaucoup plus court que celui du livre de Turin. Ce chapitre se trouve souvent réuni à un autre qui est très fréquent dans les mêmes papyrus et apparait même encore sous la 21e dynastie, mais a disparu plus tard. Quand les deux chapitres ne sont pas réunis l'un à l'autre et que le second a son titre à lui, il vient toujours à la suite du 136, il était donc naturel de lui conserver cette place et de l'appeler le 136 B, en laissant à l'ancien la désignation de 136 A. De même quand un chapitre a deux rédactions très différentes comme le chap. 38, l'ancien 38 est désigné par 38 A et le récent par 38 B. A part quelques exceptions de ce genre, tous les chapitres inédits sont annexés à la fin et commencent avec le 166. Je sais bien que je suis ici en divergence avec mon savant collègue, le docteur Pleyte, dont l'excellent livre: « Chapitres supplémentaires du Livre des Morts » — va jusqu'au 174e chapitre; mais il m'a semblé que les plus anciens chapitres devaient précéder ceux assemblés par Pleyte, qui sont presque tous d'époque plus récente. On m'objectera encore que j'ai laissé libres tous les numéros 162 à 165 parce qu'on ne les trouve jamais dans les anciens papyrus. Sans doute ; mais la raison en est que ceux-ci forment une partie du codex de Turin et que son numérotage a été accepté comme une base qu'il fallait accepter dans son intégralité ; on ne pouvait donc pas ne pas tenir compte de ces quatre numéros.

Une des conditions les plus essentielles au succès de cette édition, c'était l'exactitude dans la restitution des textes. A cet égard j'ai le plaisir d'annoncer à mes savants collègues que presque tous les textes assemblés du premier volume sont calqués, que les calques aient été pris par la photographie (comme le papyrus 9900) ou que je les aie faits moi-même sur les originaux et réduits ensuite au pantographe. Je dois encore observer que Madame Naville a dessiné de sa propre main le chapitre 186 du premier volume, texte et vignettes, à une échelle plus petite, conservant autant que possible le même caractère et qu'elle les a rendus exactement dans le style des originaux. Les égyptologues pourront juger dans quelle large mesure la reproduction correspond à la lettre ainsi exprimée et au caractère propre du dessin égyptien. Grâce à l'utilisation du calque pour le premier volume, je crois avoir atteint la plus grande fidélité possible. Pour le second volume n'ayant pu procéder de même, et bien qu'ayant apporté au travail une attention toute spéciale, je n'ose espérer qu'il ne se sera produit ni fautes, ni omissions, mais je prie mes collègues de prendre en considération l'énorme quantité de variantes qu'il contient.

Au Congrès de Florence de 1878, je n'avais pas encore une vue bien nette de la façon dont devaient être reproduites les variantes. Après divers essais, j'en suis revenu au mode le plus simple et le plus sommaire, les tableaux synoptiques. Cette méthode, il est vrai, nécessitait la répétition de chaque chapitre déjà paru dans le premier volume, ce qui prenait beaucoup de place et produisait beaucoup d'espace perdu, mais les avantages en résultant compensent largement ce côté fâcheux. Qu'on ouvre le deuxième volume à une page quelconque et du premier coup d'œil on verra dans combien de papyrus se trouve le chapitre en question et quelles sont les variantes d'un passage choisi. Dans la colonne de gauche se trouve le texte qui a servi de base, le texte du premier volume, et des chiffres indiquent à quelle ligne ce passage appartient. Après un certain nombre de signes on trouve généralement un petit espace vide ; cet espace ne répond nullement à un passage à introduire et n'a rien à voir avec le sens qu'on lui pourrait attribuer, il est exclusivement destiné à faciliter l'inscription des variantes. A l'origine un léger trait au crayon coupait en ces endroits le morceau entier, mais il a disparu avec la photographie. Parallèlement au texte sont tirées des colonnes dont chacune est destinée à un papyrus signalé par deux lettres d'alphabet placées en tête. Là où le texte est le même que celui du papyrus typique, la colonne reste en blanc (1). Là où, par contre, il offre des variantes, celles-ci sont inscrites à la place correspondante où se trouve le mot du texte principal avec lequel il est comparé. Si un ou plusieurs groupes qui se trouvent dans le texte de base font défaut dans les autres papyrus, une ligne brisée signale la lacune dans toute son étendue et relie les signes qui confinent réellement l'un à l'autre. Les mots *bis* et *ter* près de la lettre alphabétique du papyrus indiquent que ce document contient deux ou trois répétitions du même texte. Le procédé, comme on le voit, est très simple. Ne pouvant travailler avec des calques, j'ai renoncé au fac-similé admis dans le premier volume et adopté pour toutes les variantes un style d'écriture uniforme.

Le Todtenbuch thébain contient en outre des textes et des vignettes du papyrus de Turin, ceux qui en diffèrent sensiblement. Pour ne pas nuire à la forme régulière du du deuxième volume et en même temps utiliser la place disponible dans le premier, j'ai réuni toutes les vignettes dans ce dernier, de sorte que même des tableaux entiers sont consacrés à la reproduction des variantes, comme par exemple à la suite du chapitre 17. En général, les papyrus anciens ont moins de vignettes que ceux qui sont récents, souvent même elles nous manquent parce que justement les vignettes sont la partie du papyrus la plus fréquemment détruite. Je me suis donc borné à donner à chaque chapitre les vignettes qui s'écartent du texte de

(1) Il ne faut pas cependant conclure de l'absence des variantes qu'il en soit de même au texte-base. Le papyrus peut être abîmé en certains passages.

base sans citer spécialement les papyrus dans lesquels tel ou tel chapitre peut n'en avoir aucune.

D'après ces principes, j'ai rassemblé tous les documents de l'époque thébaine, aussi bien ceux des grandes collections de Londres, Paris, Berlin, Leyde, Turin et Boulaq, que ceux des musées de moindre importance, Dublin, Liverpool, Avignon, Marseille, Bologne, Parme, Milan, Florence, Rome, Naples, Hanovre et de quelques collections privées. Au Congrès orientaliste de 1881, à Berlin, j'ai eu l'occasion de présenter à la section africaine mon œuvre aux deux tiers achevée et de soumettre à l'appréciation des égyptologues le plan du travail auquel rien n'a été changé depuis. Qu'il me soit permis de répéter ici le jugement porté par celui qui a conçu la première idée de la grande édition du Todtenbuch. Dans la séance du 26 octobre Lepsius présenta les deux volumes encore inachevés de cette édition thébaine à l'Académie de Berlin qui avait généreusement contribué aux frais des travaux préparatoires et mit particulièrement en relief l'importance de l'œuvre entreprise. En rappelant à la savante compagnie l'appui qu'elle lui avait prêté très gracieusement dès son début, il ajouta : « Les matériaux à la création desquels l'Académie a spécialement concouru sont créés et le problème posé est résolu ».

Chapitre II

Le Livre des Morts

SON IMPORTANCE, SON HISTOIRE ET SES MODES D'ÉCRITURE

Qu'est-ce que le *Livre des Morts* ? Quels sont ses caractères distinctifs ? Quelle est son origine ? Ces questions appelleraient, chacune en soi, un examen détaillé, mais je n'y puis répondre ici que de façon absolument sommaire. D'abord il est clair, comme l'a déjà reconnu Lepsius, qu'il n'est pas un livre dans le sens de ce mot ; il n'est pas une unité, il n'est pas un tout, il est un recueil qui très probablement s'est formé successivement en des époques différentes. Sûrement une partie remonte à l'ancien empire, alors même qu'on ne prend pas au pied de la lettre les énonciations qui attribuent un chapitre au temps d'Ousaphaïs et un autre à celui de Mycérinus. Puisque les textes du moyen empire nous révèlent déjà plusieurs rédactions et, qu'au chapitre 178 nous retrouvons l'inscription du cercueil de Mycérinus, nous sommes bien contraints d'attribuer au moins les premières assises du livre au commencement de la civilisation égyptienne. Ce texte originel aura éte bientôt modifié, il aura été augmenté avec des morceaux du même caractère. peut-être l'aura-t-on soumis à des révisions, mais sans en tirer un résultat d'ensemble. Car les diverses parties du livre sont toujours restées indépendantes ; l'admission d'un chapitre n'implique nullement celle du chapitre qui précède ou de celui qui suit. Il semble bien que le mort ait eu à sa disposition un certain nombre de morceaux parmi lesquels il choisissait ou les siens choisissaient *ad libitum*.

Avec la même assurance, on peut affirmer que le Todtenbuch n'est pas un rituel. Lepsius a démontré dans deux travaux successifs que ce nom donnerait une fausse idée du livre et qu'on y devait renoncer, bien que E. de Rougé ait tenu à le maintenir. Il est hors de doute que nous n'avons pas dans le Todtenbuch ce qui forme un rituel. Ce n'est pas un livre prescrivant les cérémonies à accomplir, dans l'exercice du culte. Les quelques indications de cette nature qui s'y rencontrent ne suffisent pas à justifier le titre adopté par Champollion. Sans doute on lit, par exemple au chapitre Ier, que *ces paroles doivent être dites au jour de l'inhumation*, en même temps que les vignettes représentent le cortège de mort. Mais qu'on lise le texte et on y cherchera vainement une allusion aux événements terrestres. Il ne s'y trouve aucune prescription sur l'ordre de la cérémonie ni sur ce qu'on doit faire ou dire.

Il peut arriver qu'on ait introduit dans un papyrus du Todtenbuch un chapitre qui traite du rituel proprement dit. Il en est ainsi dans le papyrus de Londres 9901 avec les vignettes du chapitre premier représentant la cérémonie dite de « l'ouverture de la bouche », mais combien diffère ce texte du Todtenbuch ! d'abord, chose à remarquer, c'est le prêtre qui parle ; vient ensuite ce qu'il doit faire ; puis, il est dit expressément que cette cérémonie s'adresse à la statue ou à la momie du mort. Dans le Todtenbuch, c'est toujours le mort lui-même qui parle, toutes les prières et tous les hymnes sont mis dans sa bouche, ou quand le texte prend l'allure du colloque et qu'un dieu ou un bon génie pose des questions au mort, c'est toujours lui qui fait les réponses. Nous ne trouvons pas d'instructions pour un prêtre ou pour un membre de la famille au sujet de l'honneur qui lui est échu, hormis peut-être le cas où il s'agit des amulettes qui doivent être déposées sur la momie.

On objectera que des chapitres, comme les 22, 23, 105, 151 semblent appartenir à un rituel, mais on se convaincra facilement qu'il ne s'agit pas là de cérémonies qui se passent sur la terre. Abstraction faite que c'est partout le mort qui porte la parole, il y a encore une chose à considérer qui est de grande importance. Le point de sortie du Todtenbuch, la contrée où commence tout ce dont il y est question, est l'Amenti ; ce n'est pas le monde réel mais l'autre monde tel que se le représentait l'imagination ou le sens religieux des Egyptiens. Les êtres qui y apparaissent auprès du mort ne sont pas des êtres humains de chair et d'os, ils sont tous de ces dieux et de ces créatures bizarres dont les Egyptiens peuplaient le pays de leur séjour éternel. Le mort lui-même accomplit des transformations de toute espèce dans l'Amenti, il prend toutes les formes qu'il lui plait; il est, d'autres fois, un être incomplet qu'on reconstitue, en lui conférant une bouche et un cœur. Evidemment notre terre n'est pas le lieu de la scène, la vie n'est plus cette existence qu'a eue le mort pendant un certain nombre d'années, nous sommes surtout dans le pays de l'imagination religieuse. Là aussi s'accomplissent certaines cérémonies en l'honneur du mort, copiées peut-être sur celles qu'on célébrait sur la terre ; mais elles se produisent ici par l'intermédiaire des dieux et des esprits. Alors qu'à son inhumation un prêtre masqué avec une tête de chacal avait porté son cercueil, c'est maintenant Anubis qui prend dans ses bras sa momie et qui prononce ces paroles qui prêtent à plusieurs parties de sa tête une origine divine. Au lieu des simples pleureuses, Isis et Nephthys rempliront leur emploi, de même que Ptah sera son prêtre *Sam* et lui ouvrira la bouche avec cet instrument de fer qui lui sert à ouvrir la bouche des dieux.

C'est à ces deux particularités qu'on distingue le mieux ce qui appartient au Todtenbuch et ce qui reste en dehors du livre : c'est le mort qui parle et à qui l'on parle ; tout ce qui se passe ensuite se traite dans l'Amenti ou, du moins, s'y rapporte et doit nécessairement y revenir. Si parfois la mort sort de là, c'est seulement pour y revenir bientôt. On doit encore avec cela considérer la forme particulière que revêtent ces textes. Ils ont un titre qui peut avoir ou un caractère général, comme on le constate maintes fois dans le livre, ou bien un caractère particulier en tant qu'il concerne l'occasion ou les circonstances au milieu desquelles ces paroles doivent être dites par le mort et le but qu'elles doivent réaliser. Après ce titre viennent les paroles qui sont mises dans la bouche du mort ou dans celle d'une divinité; il s'y joint maintes fois une indication, qui désigne soit le lieu où ces textes doivent être inscrits soit les avantages que celui qui les connait en doit tirer. Ce sont au fond et en la forme les traits les plus remarquables auxquels on reconnait les textes du *Livre des Morts*.

Si le *Livre des Morts* ne forme pas un tout avec un commencement et une fin et n'est resté qu'un recueil sans ordre ni méthode, c'est que cela répond exactement à la doctrine religieuse et philosophique de ceux qui l'ont écrit. Quand on étudie la religion des anciens Egyptiens, il faut toujours avoir égard à une partie considérable qui y est restée vague et indéterminée. Quoi de plus difficile par exemple, que de discerner les marques distinctives de chaque divinité prise individuellement ? Je ne parle pas bien entendu des formes apparentes qu'elles revêtent. Mais quels caractères de l'une d'elles ne retrouverait-on pas à un degré quelconque dans les autres ? Leur physionomie morale n'a pas de contours nets et bien tranchés. Il n'y a ni système, ni idées précises sur le sort du mort au-delà de la tombe. Dans les autres religions les âmes, s on peut dire, ont une voie exactement tracée ; elles ont à passer par certaines transformations ou certaines phases qui succèdent les unes aux autres et finalement mènent à une fin bien déterminée. Dans le Todtenbuch le but est aussi incertain que la voie à suivre. Pas de contrainte, pas de nécessité dans ce qui peut arriver aux âmes. Les diverses situations qui sont décrites ne sont pas des phases successives par lesquelles chacun devrait passer ; ce n'est pas ce qui doit arriver à toute âme, mais ce qui lui peut arriver; toutes les positions dans lesquelles elle peut se trouver, tous les buts vers lesquels elle peut tendre. Ainsi, un des plus importants privilèges qui puisse être octroyé au mort, c'est la faculté de prendre toutes les formes qu'il désire ; il peut être un *Bennou*, un lotus, un crocodile, un épervier. Mais tous les morts ne font pas usage de ce privilège et rien ne les y oblige ; une transformation n'en implique pas une autre à la suite. Dans le chapitre du Lotus, par exemple, on dans celui de l'épervier, rien n'indique que le mort ait pris la forme d'une grue ou d'un crocodile ou qu'il la doive prendre.

Un autre épisode très important dans la vie d'outre-tombe, est la scène d'Osiris et de son tribunal Une fois ou deux il y est fait allusion; ainsi dans le final du chapitre Ier d'après la rédaction ancienne, et dans le chapitre 132 ; mais nous ne savons pas quand a lieu le jugement ni si tous les morts s'y doivent soumettre ; nous ne pouvons pas même discerner quel en est le résultat pour le mort. Nulle part il n'est dit que ce jugement est une condition nécessaire pour l'obtention de telle ou telle faveur, et, mis à part quelques passages où il est parlé de la balance, c'est partout d'ordinaire une chose inconnue. Il est évident que la doctrine étant si peu fixée, le livre qui la reflète ne peut l'être davantage. Comme il n'y a que des contingences pesant sur le mort et que rien n'est abandonné à l'action de sa volonté ; comme on ne peut percevoir aucune suite dans le temps et particulièrement aucun but final, les chapitres de notre livre aussi, qui nous décrivent une ou plusieurs de ces situations, ne peuvent avoir aucun ordre fixe. S'ils sont à une place plutôt qu'à une autre, s'ils se déroulent dans un certain ordre, c'est bien plus affaire d'usage que de doctrine.

Le nom par lequel les Egyptiens désignaient sans doute ce livre ou du moins sa plus grande partie est le livre de *l'apparition au jour* ou *de la sortie du jour*.

On a beaucoup discuté sur ces trois mots. Presque chaque égyptologue a donné son explication personnelle sans qu'aucune d'elles ait eu la chance de recueillir l'approbation de tous. Les opinions diffèrent les unes des autres sur la valeur de chacun de ces mots, mais principalement sur le sens du verbe *per* et de la préposition *em*. Il est probable que cette expression a eu pour les Egyptiens une valeur conventionnelle, comme c'est le cas pour beaucoup d'expressions composées même dans les langues modernes, valeur conventionnelle qui nous échappe peut-être parce que nous persistons à couper l'expression et à traduire à la lettre chacun de ses éléments, ce qui nous met sur une fausse voie. Qu'on la compare seulement avec d'autres expressions composées, tels par exemple que dont la vraie signification est « offrandes funéraires » en l'accompagnant du déterminatif (ta) ; de même encore avec le mot qui désigne les « livres » ; combien d'autres que l'on pourrait citer. Au congrès de Berlin, j'ai proposé une traduction qui se rapproche le plus de celle de Déveria : *sortie du jour* — et me semble être la plus conforme à la valeur du verbe et à celle de la préposition. Divers passages, d'ailleurs, démontrent que le jour de chacun, c'est la durée de sa vie terrestre. Sortir du jour ou de son jour ne signifie pas réellement quitter la vie et perdre pour jamais l'existence ; il y a encore la vie de l'autre côté du tombeau ; cela veut dire seulement « être libéré de la durée limitée de la vie terrestre », n'avoir plus ni commencement ni fin, mener une existence qui n'est plus enclose dans les limites du temps et de l'espace. D'où suit que l'expression « sortir du jour » est si souvent complétée par les mots : « Sous toutes les formes que souhaite le mort ». Bref, devenir un homme libre des limites du temps et de l'espace, c'est ce que je comprends sous l'expression « sortir du jour ». Lieblein a objecté à cette explication que c'est mettre beaucoup trop d'idées sous quelques mots dont le sens est très simple et parfaitement clair. Je dois avouer que mon étude du *Livre des Morts* m'a conduit à une conclusion absolument opposée. Je trouve ma traduction insuffisante en ce que elle en dit trop peu, qu'elle s'en tient trop à la lettre et est trop rigoureuse ; si elle demande une explication, c'est qu'elle a, à mon sens, un caractère absolument conventionnel. Mon explication, loin de dépasser la teneur de l'expression égyptienne, n'embrasse pas tout ce qui constitue l'acte ou la condition du . Au lieu de décomposer l'expression et de la résoudre en ses parties constitutives, je la prends dans son tout avec sa signification particulière donnée selon toute vraisemblance par les signes que nous ne comprenons pas, parce que nous les prenons toujours dans leur sens propre ; qu'on examine tous les passages où se trouve cette expression, qu'on étudie toutes les idées qu'elle contient, toutes les conditions qu'elle suppose, toutes les facultés qu'elle attribue au mort et dont il fait l'application et l'on sera convaincu qu'aucune traduction n'a pu rendre encore les trois mots égyptiens d'une manière satisfaisante. Nous n'avons pas encore trouvé dans notre langue le mot qui — s'il ne répond pas exactement à l'expression égyptienne — rend cependant la plupart des idées contenues dans le *per emhru*. On ne peut le traduire ni par *renaissance*, ni par *réapparition*, ni par *résurrection*, bien qu'il y ait quelque chose d'approximatif dans ces mots, et plus encore que dans les traductions littérales que les uns et les autres ont proposées.

Un autre titre général dans les chapitres du Todtenbuch, passablement fréquent, est :

« Le chapitre du perfectionnement du mort ». Ce titre est différent à sa manière de celui qui le précède ; il signale un but à atteindre, notamment le perfectionnement. Encore ici, ce mot répond mal à l'idée égyptienne. Un *ku aqr*, un « Kou parfait » est un mort auquel les diverses divinités devant lesquelles il paraît concèdent certaines facultés fondamentales en même temps qu'un droit à divers avantages, en particulier d'avoir sa part dans les dons d'offrande faits au dieux. Il en est de même de l'expression être « dans le cœur de Râ », c'est-à-dire l'objet de son affection ; « puissant devant Tum », « grand devant Osiris », etc., etc. Cela ne veut pas dire que ces chapitres ainsi intitulés ne formaient pas aussi une partie *du per emhru* ; les variantes du chap. 15 B III nous montrent les deux titres près l'un de l'autre ; ce n'était pas d'ailleurs les seuls chapitres qui fussent nécessaires au *kou parfait* d'autres encore, comme les 78 et les 125 (1), lui étaient salutaires.

L'histoire du *Livre des Morts* est encore à écrire. Remonter à l'origine du livre et retrouver sa forme première, de même que fixer le temps auquel chaque partie a été greffée sur la première branche, sont des problèmes qu'on ne pourra résoudre que lorsque de plus riches publications auront été faites concernant surtout l'ancien et le moyen empire. Nous avons actuellement élevé seulement une

---

(1) Voir description du papyrus ik,

assise de la construction, en reconstituant le todtenbuch de cette grande époque qui vit l'Égypte parvenir au sommet de la puissance et de la prospérité. Il est facile maintenant d'étudier les changements qu'a subis le livre dans les temps postérieurs, jusqu'à l'époque greco-romaine. Ce qui, pour la plus grande partie, nous fait défaut, ce sont les phases du développement du livre jusqu'à l'époque où nous l'avons abordé. Nous possédons cependant pour cette époque quelques points de repère importants.

Le Totdenbuch doit avoir appartenu aux livres que Clément d'Alexandrie appelle les livres hermétiques et dont la légende attribuait la composition au Dieu Thoth lui-même. Abstraction faite du caractère même du livre considéré comme sacré, sa qualité de livre hermétique ressort du fait que dans les chapitres accompagnés d'un renseignement historique (30 B, 64, 137 B, 148), le lieu où a été découvert le livre est constamment désigné par *Sesennou* ou *Ounnou*, équivalant l'un et l'autre à Hermopolis et le texte ajoute que le livre, écrit de la main même du dieu, a été trouvé sous ses pieds. De ce fait on doit vraisemblablement attribuer à Thoth la composition du livre. La catégorie spéciale des livres hermétiques à laquelle il appartient aura été celle des *prophètes* comme le dit Lepsius; elle comprend ceux dont les livres de prêtrise ou hiératiques disaient qu'ils traitaient deslois et des dieux, c'est-à-dire de la plus haute culture théologique (1).

Doit-on dire parce que tel ou tel chapitre aura été trouvé à Hermopolis, qu'il faut chercher là l'origine du livre? Non sans doute. Cette indication est ajoutée au texte pour mettre en relief le caractère sacré du livre, de même que la mention des rois de l'ancien empire ne peut que conférer à l'ouvrage un aspect de haute antiquité. Le lieu d'où prove-

(1) Voir Lepsius Chronologie p. 45.

nait le livre ou du moins ses plus importants chapitres est la ville que l'on tenait pour la plus ancienne de l'Egypte et qui était vraiment sa capitale religieuse, Héliopolis, et la doctrine dont elle fut le siège est celle des prêtres de *ON*.

On s'en convaincra facilement si l'on observe les passages saillants dans lesquels Héliopolès prend place dans tout le livre. Presque aucun chapitre de quelque importance n'omet la mention de cette ville. Déjà au chapitre I on parle du jour où sont jugées les paroles dans la grande salle d'Héliopolis; au 17e chapitre, c'est le dieu Tum lui-même, le dieu d'Héliopolis qui porte la parole ; ON est maintes fois nommée et à la ligne 18, on trouve sur le linceuil de Thoutmès III cette remarquable variante : « Je vais chaque jour à ON ma ville » (1), et c'est encore là que nous mène la conclusion du chapitre. Au chapitre 18 on cite d'abord ON, et c'est là qu'on célèbre la fête de l'anéantissement des ennemis du seigneur suprême. Cela nous mènerait trop loin si nous voulions énumérer tous les cas dans lesquels se manifeste Héliopolis. C'est de là qu'apparait le *Bennu* (phénix), c'es là que siège le tribunal d'Osiris. Quand le mort sort de la salle de la double justice, il se trouve, comme nous l'apprennent les variantes des tombes royales, dans le grand temple qui est le temple d'Héliopolis. Il faut se garder cependant de prendre au pied de la lettre les noms géographiques cités. Quand le mort parle de ON, il n'évoque pas la cité terrestre dans laquelle peut-être il n'a de sa vie mis le pied, mais d'une ON poëtique qu'il se représente dans l'autre monde. Il en est de ON comme de Jérusalem dans les livres hébraïques. Il y a une Jérusalem céleste image de la cité terrestre, mais parée de tout l'éclat du monde idéal, dont l'esprit du croyant a pris possession. L'Egytien avait coutume de con-

(1) Voir aussi : ligne 57.

sidérer *ON* comme le sanctuaire par excellence ; il savait qu'elle était la demeure des plus puissants dieux cosmiques Tum, Râ ; qu'il y avait là un collège de prêtres nombreux et importants et que son sanctuaire remontait à la plus haute antiquité ; Râ lui-même, disait-on, devait y avoir régné, et, quand on se représentait la demeure de Tum dans le monde futur, on lui donnait tout naturellement le nom de ON. Cette localité est encore le centre de toute la vie mythologique et de toute l'activité des dieux cosmiques ; et l'on conçoit qu'une telle tradition ne pouvait venir que d'Héliopolis, de la ville même qui s'était assurée dans le monde de l'au delà une place si éminente.

ON est dans le todtenbuch le sanctuaire proprement dit, la vraie résidence du Dieu Tum-Râ, du juge Osiris, des neuf dieux cosmiques. C'est à cet endroit que le mort aspire d'atteindre (chap. 53) ; c'est en un mot la capitale du pays et du monde mythologique, car il y a une géographie du todtenbuch. On y trouve des noms qui ne se rapportent qu'à des contrées célestes et ne se rattachent à aucune localité de l'Égypte réelle ; mais il y a aussi un petit nombre de noms qui nous désignent des lieux du pays bien déterminés, bien connus, mais dont le sens est tout différent quand il s'agit de l'autre monde. Quelques-unes de ces localités sont devenues des points d'orientation, étant donné qu'on leur assignait une place déterminée au ciel. Nous touchons là une question non encore traitée, à un point qui est encore à explorer et dont le nombre est grand dans le Todtenbuch. Que signifient des noms géographiques tels que

— *Abti*, *Sesennou*, *Tattou*, *Pa et Dep ?* Il va de soi que je ne puis me livrer ici à cette recherche, car elle demanderait un développement auquel je ne puis consacrer ici l'espace nécessaire ; je crois cependant pouvoir affirmer que ces mots, dans des cas très nombreux, ont avec leur valeur géographique proprement dite une valeur mythologique. Leurs deux significations avaient sans doute un point de contact ; il y avait probablement dans la ville égyptienne une cérémonie ou un objet sacré qui la rattachait à la localité mythologique, ce qui n'impliquait pas la nécessité que la situation de la ville terrestre concordât avec celle qui lui était assignée dans les régions célestes. Je citerai comme exemple la capitale du 9e nome de la basse Egypte, tenue généralement pour la ville de Busiris. Dans la plupart des passages du todtenbuch où parait ce nom, il représente un lieu ou une contrée, sise vraisemblablement dans le ciel oriental, de sorte qu'on peut la considérer elle-même comme un symbole de cette direction du ciel. Au chapitre 16 A la figure est le symbole du soleil levant; au chapitre 100 I est en parallèle avec (l'orient). Là, le mort, doit être conçu et enfanté (chap. 1), recevoir le souffle de vie (chap. 57), car ainsi que nous l'enseigne le titre du chap. 182 et « affermir et donner les souffles » sont deux actes concomitants ; là doit être labourée la terre (chap. 18), le premier des travaux agronomiques qui est supposé se passer à l'orient. D'autres preuves encore pourraient être produites à l'appui de cette thèse. On voit par là ce que veut dire la signification mythologique d'un nom de lieu et qu'elle peut être fort éloignée de sa signification originelle ; l'orientation, dans les deux cas, n'est d'ailleurs pas toujours la même. Busiris n'est pas située à l'est d'Héliopolis, elle est plutôt au nord de cette ville (1).

Le todtenbuch est sorti d'Héliopolis et il reflète surtout la doctrine des prêtres de cette ville; cependant il ne permet pas d'affirmer que quelques chapitres n'ont pas une

(1) La localité qui désigne l'ouest me semble être Abydos

autre origine. Je ne serais pas surpris que le chapitre 172, qui paraît sur un papyrus memphite (Londres 9900) ait été composé à Memphis. Je suis porté à le croire, parce que Ptah, dans les premières lignes, joue le rôle principal. Ce n'est cependant qu'une hypothèse, car dans le même chapitre les dieux de ON paraissent à plusieurs reprises ; par contre, nous pouvons attribuer presque en toute assurance une origine thébaine au chapitre 171

(1) qu'on ne rencontre que dans deux papyrus (Boulaq 21 Cc etBrocklehurst II A x). Le mort s'adresse successivement à un grand nombre de divinités en commençant parcelles d'Héliopolis,il nomme ensuite « Mentou, seigneur de Thèbes et Ammon , maître du siège des deux terres ». C'est la seule fois que ces divinités sont nommées dans le todtenbuch et qu'apparaît le nom de Thèbes , en deux exemplaires, il est vrai. L'un des deux (Cc) mentionne encore une autre divinité locale

« Sebek de Schet » qui cependant est omise dans A x. On pourrait donc admettre avec grande vraisemblance, dans ce chapitre, une interpolation venue de Thèbes qui, par comparaison au reste du livre, doit être d'origine passablement récente. Ce qui notamment peut peser d'un grand poids, principalement dans la fixation de l'âge du livre, c'est cette circonstance, que ni le nom d'Ammon et tout ce qui se rapporte à son culte, ni les localités où il fut vénéré ne s'y rencontrent. Alors que nous rencontrons une fois (Khonsou) nous ne

(1) Chapitre de faire la pureté du vêtement.

trouvons nulle part la divinité principale de Thèbes. Il n'en est pas moins vrai que le rôle tenu par Ammon dans le panthéon égyptien a été prédominant, et que Thèbes fut sa résidence, une ville sans doute beaucoup plus importante que la plupart des autres nommées dans le Todtenbuch. Si les dieux et le temple de cette ville y sont passés sous silence, c'est sûrement parce que la composition du livre remonte à un temps plus ancien que le culte d'Ammon et que, plus tard, pour conserver à l'œuvre son cachet archaïque, on a eu scrupule d'y admettre des choses qui eussent contrarié ce caractère. Car si l'on compare les textes que les prêtres thébains faisaient graver dans les tombeaux, on ne peut admettre que la doctrine des deux villes de Thèbes et de Memphis n'ait pas été à l'unisson. C'est donc une très rare exception qui se rencontre dans le chapitre 171. Il est vraisemblable que le culte d'Ammon régnait dans le temps où ce chapitre fut écrit, et comme en outre il est fait mention de Sebek de Schet, une des divinités favorites des Amenemha et des Sebeckhotep, on peut être sûr qu'il est postérieur à la XIIIe dynastie.

Une autre preuve de la haute antiquité du todtenbuch est la mention de plusieurs rois : des deux chapitres suivants, d'après le papyrus de Turin, l'un, le 130, a été découvert sous le règne d'Ousaphaïs de la première dynastie, l'autre, le 64, sous le règne de Mycérinus de la quatrième. Mais sous ce rapport, la vieille tradition ne concorde pas avec celle des Saïtes. On doit aussi se demander, naturellement si les faits énoncés dans ces chapitres doivent être tenus pour authentiques. Ce qui peut ébranler notre foi à propos de cette question, c'est justement le désaccord existant entre les deux époques et le fait qu'à la révision de l'ouvrage sous les Saïtes, l'ancienne tradition a été volontairement modifiée. Mais nous pouvons d'autre part maintenir pour l'un des chapitres une tradition qui s'est continuée de la XI à la XXI dynastie.

Le Papyrus de Turin attribue à Ousaphaïs le chapitre 130, et à Mycérinus le 64, avec celui des cœurs y faisant suite et que nous avons appelé le 30 B. A l'époque thébaine, le chapitre 130 ne donne aucune indication avec enseigne royale, Ousaphaïs semble donc bien n'avoir été découvert que plus tard, et cependant les deux noms de roi se retrouvent ailleurs. La fusion du 64 et du 30 B parait aussi de date plus récente, car dans les anciens textes ils ne sont pas réunis.

Ce qui est le plus fréquent, c'est que le 30 B soit groupé avec la psychostasie dont il fait partie. Dans ce 30 B trouve place l'indication du nom de Mycerinus, comme nous l'avons vu par le papyrus de Parme. Par extraordinaire cette même indication se trouve sur les deux papyrus thébains P c et A x sur la psychostasie, mais sans le chapitre 30 B qu'elle remplace évidemment ; dans ces deux textes elle est ajoutée au chapitre 148 et je l'ai reproduite à cette place dans cette édition (I. 167). Au papyrus A a, le chapitre 64 a deux recensions d'inégale longueur ; la plus courte est très semblable à celle qui se trouve dans le papyrus C a, qui est datée du règne d'Ousaphaïs. Si nous remontons au cercueil de la reine Menthuhotep de la 11e dynastie où le chapitre 64 se trouve également deux fois, nous voyons qu'il est là déjà attribué une fois à Ousaphaïs, et si nous descendons jusqu'à la 21e dynastie, au papyrus *Netenit* ou à un texte de Leyde du même temps, nous voyons Ousaphaïs toujours nommé. En présence d'une tradition si ancienne et si constante nous pouvons bien affirmer qu'au moins certaines parties du Todtenbuch remontent aux premiers temps de la monarchie égyptienne, et si nous ajoutons le fait mentionné ci-dessus que tout ce qui a rapport au culte d'Ammon en est absent, nous pouvons hardiment conclure que le livre est plus ancien que la onzième dynastie. Il est encore une remarque à faire qui a son importance, c'est que les rois Ousaphaïs et Mycerinus, qui doivent avoir été des rois memphites, ne sont mentionnés que dans des papyrus thébains. Le plus grand document memphite que nous possédions, le papyrus A a, ne nomme aucun des deux rois, et cependant il fixe la date d'un chapitre, du 137 A que seul il livre dans cette composition. Le renseignement donné par ce texte, tout à fait semblable à celui du 148 ou du 30 B, nous dit que le fils royal *Hortetef* a trouvé le livre écrit de la main du dieu dans une case secrète, alors qu'il inspectait les temples de la haute et de la basse Egypte. Nous savons maintenant par d'autres textes que Hortetef était le fils de Mycérinus ; d'où suit par conséquent que la découverte serait transférée sous le règne de ce prince.

Comme nous l'avons déjà dit, nous ne pouvons pas encore reconstituer le *Livre des Morts* de l'ancien et du moyen Empire, mais il nous est permis d'affirmer qu'à l'unique exception de l'inscription mentionnée au cercueil de la reine *Menthuhotep*, tous les documents de ces époques reculées et de nous connus sont écrits en caractères hiéroglyfiques et non en hiératiques. Les sarcophages de l'ancien Empire qui nous sont parvenus (1), ceux de la onzième dynastie, tel celui d'Amam au Musée britannique ou d'Antef au musée de Berlin (2), le tombeau de la reine que j'ai copié à Deir-el-Bahri, tous présentent le même mode d'écriture que le tombeau d'*Amenemha* de la 18e dynastie ou que les papyrus utilisés par nous, c'est-à-dire une écriture intermédiaire entre les deux modes, une écriture en hiéroglyphes abrégés dans laquelle certains signes ont presque la forme hiératique, tandis que d'autres conservent nettement la forme de l'hiéroglyphe. Ce n'est pas que l'hiératique n'existât pas alors ; nous le

(1) Lepsius Denkmal, II, 99.
(2) Lepsius Denkmal, II, 115.

trouvons dans les papyrus anciens de Berlin et dans le papyrus Prisse, mais on ne l'adoptait pas pour les textes funéraires où l'on s'en tenait aux hiéroglyphes plus ou moins bien dessinés. Ce fait indubitable contredit l'opinion citée plus haut de E. de Rougé. Nous n'avons pas en hiératique le plus ancien texte du Todtenbuch, c'est au contraire le texte hiéroglyfique des anciens qu'on a conservé, bien que le hiératique fût employé pour d'autres écrits.

Cet usage exclusif des hiéroglyphes dans les textes funéraires me semble avoir eu un double motif. Tout d'abord cette écriture est plus ancienne, plus soignée et pour cela plus appropriée aux textes sacrés qui imposaient le respect plus que les autres. L'écriture hiéroglyfique ayant quelque chose de plus noble, on pouvait avec celle-ci mieux exprimer en quelque sorte la haute valeur du livre sacré. C'était quelque chose d'analogue à l'habitude que nous avons de faire commencer certains noms et mots par une majuscule. Je pense donc que les textes du Todtenbuch furent à l'origine gravés ou peints soit sur les murs du tombeau comme pour les textes des pyramides, soit plus frépuemment encore sur les sarcophages. Il me semble probable qu'on a eu recours au papyrus, pour remplacer les peintures du cercueil, peut-être aussi pour les compléter, quand on voulut donner au mort un choix de textes plus étendu que ceux qu'on pouvait inscrire sur l'espace limitée de son sarcophage. Une pareille tradition devait rapidement se perdre ; mais elle expliquerait pourquoi on a conservé l'écriture monumentale dans les papyrus funéraires. Cette écriture est loin d'être parfaite et l'on remarque les efforts faits pour la simplifier et pour rendre plus rapide et moins coûteuse la reproduction des textes ; mais elle n'en devait pas moins rester l'écriture monumentale, c'est-à-dire conserver son caractère comme dessin et jusqu'à un certain point son but d'ornementaiton.

Si on voulait donner un nom à cette écriture intermédiaire qui a été appliquée au Todtenbuch et si on pouvait rompre avec une tradition existant depuis Champollion, on pourrait lui donner le nom de *Hiératique* puisqu'elle n'a été employée que pour les textes sacrés et mieux lui va ce nom qu'à celle qu'on nomme ainsi, qui n'est en somme qu'une écriture cursive.

Ce mode d'écriture, que je continuerai d'appeler hiéroglyphique, a été en usage jusqu'à la fin de la 20e dynastie et au commencement de la 21e. Les changements qu'il a subis ont eu, chose étrange, un mouvement opposé à celui auquel on devait s'attendre, c'est-à-dire qu'au lieu de devenir de plus en plus cursif avec la 19e et la 20e dynastie, il se rapproche au contraire de plus en plus des purs hiéroglyphes. La différence est sensible entre plusieurs des papyrus qui nous ont servi dans cette édition. Qu'on prenne, par exemple, le chapitre I du papyrus Ag, du milieu de la 19e dynastie, et qu'on le compare avec un morceau pris à volonté dans les textes Aa, Pb ou Cc qui sont de la 18e dynastie, et l'on se convaincra combien plus achevés sont les signes en Ag. Ce texte distingue soigneusement l'épervier d'Horus de l'hirondelle , tandis que dans les trois autres textes le même oiseau, imparfaitement dessiné, les désigne tous les deux. Cette différence se retrouve aussi dans Ba de la fin de la 19e dynastie; l'épervier est toujours soigneusement dessiné, mais en général il est suivi d'un pur signe hiératique ┬ (chap. I B, lig. 14.). On remarque bien qu'à cette époque il y avait à côté de l'écriture sacrée une écriture cursive, car si le scribe avait omis un signe ou s'il voulait le faire très petit, maintes fois il avait recours à la forme hiératique (chap. I B, lig. 15, chap. 44, lig. 14.) On pourrait citer beaucoup d'autres exemples et montrer par divers caractères, comme ceux employés pour le bélier, l'oie et nombre d'hommes debout, quelle grande différence existe entre les papyrus de la fin de l'époque thébaine et ceux de son commencement; la plus frappante se trouve dans le papyrus Bd (chap. 168 B). Ici, même la chouette a sa forme correcte, la feuille de roseau est parfaite, ce sont des hiéroglyphes dans toute leur perfection.

Nous avons déjà exposé les motifs qui nous ont contraint à renoncer à faire le recueil des textes de l'ancien et du moyen empire et à nous borner à celui de l'époque thébaine. Nous renfermant dans ces limites, notre édition ne pouvait contenir que des textes hiéroglyphiques, car nous ne connaissons aucun texte funéraire en hiératique émanant du temps de la 18e dynastie. A cette époque, le hiératique ne fut pas employé dans le Todtenbuch; autrement il nous en serait parvenu quelques traces; pour trouver le hiératique, il nous faut descendre aux 20e et 21e dynasties. La plus basse limite de notre tâche nous était ainsi marquée. Notre édition s'arrête avant l'admission générale de l'écriture hiératique. Après ce temps, on ne rencontre plus l'hiéroglyphe que par exception, et c'est seulement sous les Saïtes qu'il devait réapparaître.

Si on examine de près les papyrus de l'époque infra-thébaine, ainsi que je les appelerai, on reconnait à n'en pas douter, que l'intelligence des hiéroglyphes s'était perdue. Antérieurement on pouvait déjà remarquer, comme on le verra ci-après, la négligence qu'apportaient les scribes dans l'exécution de leur tâche ; il pouvait y avoir ci et là un ignorant parmi les copistes, mais la grande partie des textes est écrite par des hommes qui en comprenaient le sens. Sous la 20e et 21e dynastie, l'intelligence n'en existe plus. Cet oubli gagna tout le royaume et dut emmener bientôt l'anarchie. En ce temps où l'on pillait les tombeaux, où des bandes organisées à cet effet s'enrichissaient par ce procédé, le sentiment de respect et de crainte pour la chose sacrée était fort ébranlé.

Beaucoup d'anciennes habitudes devaient s'être perdues et tout particulièrement celle d'écrire les textes funéraires en une écriture que l'on ne savait plus lire et que l'on jugeait inutile d'apprendre. A cette époque, ont été écrits de beaux papyrus, à les juger sur l'apparence, et qui, jugés quant au texte, sont sans aucune valeur. Les scribes ne savaient plus à quelle page ils devaient commencer et dans quelle direction ils devaient conduire les lignes de leur écrit, d'où sont venus ces documents écrits à rebours pour la plus grande partie, tels que le papyrus de la reine *Netemt* et celui de la reine *Honttaui* (Boulaq n° 22), ou bien tels autres, complètement défectueux sous tous les rapports, comme celui de la chanteuse d'Ammon (Leyde III). Un scribe qui eut compris même imparfaitement ce qu'il avait sous les yeux, n'aurait pas copié un texte de cette façon. On pouvait, au temps précédent, quand une telle erreur se produisait exceptionnellement et dans une mesure restreinte, l'expliquer par la négligence, mais il faut l'attribuer à l'ignorance quand elle s'étend à tout le document.

Viennent ensuite les papyrus hiératiques qui bientôt débusquent entièrement les hiéroglyphes. Les papyrus avant-Saïtes en écriture hiératique forment une espèce qui mérite d'être remarquée, et leur étude non commencée encore, devrait, en conformité de la nature des choses, se rattacher à cette édition thébaine. Le texte des premiers papyrus hiératiques, c'est-à-dire de ceux qui remontent au cours de la 20e dynastie, se rapproche bien davantage du texte thébain que du texte Saïte, il doit être comparé avec le premier et non avec celui-ci. On voit que la révision Saïte n'avait pas encore eu lieu, que par conséquent la succession des chapitres n'était pas encore établie, et, autant que je sache, les quatre derniers chapitres du Todtenbuch de Turin n'avaient pas été encore introduits dans le codex. Le nombre de ces papyrus est très grand et presque tout musée de quelque importance en possède un ou plusieurs, qui le plus souvent débutent par une adoration à Tum-Râ ou à Harmachis et ont été écrits pour quelque chanteuse d'Ammon. Il y en a à Turin, à Bologne, à Berlin, dans la collection Balmore et plusieurs au Louvre; une recherche soigneuseusement poursuivie en découvrirait encore probablement beaucoup d'autres. Maints de ces documents peuvent être exactement datés. Ainsi, on trouve à Thèbes le tombeau d'un homme du nom de qui vivait sous Ramsès IX (1); sa mère s'appelait ; le papyrus de celle-ci se trouve pour une partie au Louvre, et pour l'autre partie dans une collection privée. Son fils s'appelait Le papyrus de celui-ci est au musée de Turin. La grande trouvaille de Déir-el-Bahri ne nous a pas seulement livré de nouveaux documents, tels que les papyrus qui sont à Boulaq, le papyrus Brocklehurst I et celui de *Pinetem* appartenant au colonel Campbell ; elle nous permet aussi d'assigner leur juste place et leur temps à des papyrus depuis longtemps connus et qui se rapportent à quelque membre de la nombreuse famille des rois-prêtres. Sous ce rapport l'édition hiératique du Todtenbuch serait supérieure à la nôtre, on pourrait lui fixer des dates plus sûres. Je remarquerai en passant qu'on rencontre assez régulièrement dans ces textes une variante à noter pour le nom du Dieu Tum , notamment ou (2). Ce mot remarquable n'est pas, tant s'en faut, caractéristique des textes récents, il appartient plutôt aux premiers textes hiératiques du cours de

---

(1) Champollion, notices, 560.
(2) Schiaparelli, Sentimento religioso Degli Antichi. Egizeani, p. 65.

la 20e dynastie. Le document le plus important que je connaisse de cette époque est celui connu sous le nom de *Papyrus de Luynes* qui se trouve partagé entre le Louvre et la Bibliothèque nationale de Paris. Je ne crois pas qu'il en existe de plus importants pour ce temps et il est regrettable qu'il n'ait pas été publié plutôt que maints nouveaux textes hiératiques. Ce papyrus aussi contient la variante mentionnée :

C'est plus tard qu'eut lieu la codification du Todtenbuch, vraisemblablement sous les Saïtes ; et c'est alors que furent ajoutés les quatre derniers chapitres qui contiennent des mots bizarres et de caractère étranger. La suite des chapitres et leur texte furent définitivement fixés; les chapitres restèrent différents quant à la longueur, mais la succession des uns aux autres est à peu d'exception la même que dans le papyrus de Turin. Les variantes sont beaucoup moins importantes et consistent principalement en redressements d'erreurs et diversités orthographiques. Les textes ptolémaïques se distinguent peu de ceux des Saïtes ; il est souvent difficile de dater les papyrus de l'époque dernière dont les collections sont si riches. Ils sont en hiéroglyphe ou en hiératique. Ceux qui adoptaient le premier mode d'écriture étaient sans doute des amateurs d'archaïsme qui voulaient donner à leurs papyrus un caractère d'ancienneté.

D'après ce qui précède, nous distinguons dans le texte du *Livre des Morts* quatre phases répondant aux quatre périodes de son histoire :

1° Le texte de l'ancien et du moyen empire qui n'est qu'imparfaitement connu et dont le recueil est encore à faire. Sa règle est d'être écrit en hiéroglyphes.

2° Le texte thébain de la 18e à la 20e dynastie, écrit en hiéroglyphes.

3° Le texte hiératique après la 20e dynastie, dont la

rédaction se rapproche du texte thébain et pour lequel n'a été établie aucune succession fixe des chapitres.

4° Le texte Saïte et Ptolémaïque qui a reçu une codification et dont la succession des chapitres a été fixée. Il peut se trouver écrit en hiéroglyphes ou en hiératiques.

Avant de passer à la description des divers papyrus qui ont été employés à la confection de cette édition, il nous reste quelques mots à dire sur les conditions dans lesquelles il a été procédé à leur écriture.

A en juger par le nombre qui nous en est parvenu, le papyrus funéraire était un objet très recherché; à l'importance de la demande devait correspondre une offre équivalante, d'autant qu'ils devaient être très bien payés. C'était une industrie qui avait ses artisans, et dans laquelle la division du travail semble avoir été en usage. Par l'examen des divers papyrus on voit que le peintre chargé du dessin et de l'enluminure des vignettes n'était pas toujours le même que le scribe qui copiait le texte. Sous ce rapport nous avons à faire les observations suivantes suggérées par les papyrus dont nous avons fait l'étude.

Le papyrus mortuaire, le plus recherché et sans doute le plus cher, était celui confectionné exprès par une personne déterminée et dont aucun élément n'avait été préparé d'avance. Le papyrus *Aa* (London 9.900) nous fournit un bon exemple de cette première catégorie. Le scribe voit le nombre de chapitres qu'il aura à insérer, et il en calcule l'insertion sur mesure, texte et vignettes marchent d'accord. Parfois, s'il lui convient de clore à une certaine colonne le chapitre commencé, il développe les titres et qualités du défunt plus que d'habitude, mais les rapports restent toujours bien observés; une vignette n'empiète pas sur le proche chapitre ni n'amène son déplacement. A la conduite de la plume — *au coup de crayon* — on reconnait qu'une seule et même main a éxécuté le texte et les représentations. Ce procédé a pour conséquence que les vignettes sont moins nombreuses comme il arrive dans *Ca*. et que, dans un papyrus d'aussi grandes dimensions que le *Aa*. elles ne sont pas coloriées.

Une autre espèce de papyrus nous montre des vignettes qui ont été dessinées d'avance, alors que le texte était ajouté ultérieurement. Ce sont des documents avec de belles images, d'ordinaire enluminées avec grand soin, qui forment une œuvre d'art. Beaucoup nous sont connus, dans lesquels le texte n'est venu que postérieurement se joindre aux vignettes. Cela se reconnait facilement à ce fait, que les vignettes n'occupent pas la place correspondante au chapitre dont elles doivent faire l'illustration. Parfois elles n'ont aucun rapport avec le texte qui les accompagne et ne lui étaient nullement destinées. Dans ces papyrus les deux parties constitutives du livre sont de valeur très différente. Tandis que les vignettes sont très soignées et charment l'œil par la beauté des couleurs et la netteté de l'exécution, le texte au-dessous, très négligé, a été exécuté par un scribe qui était loin d'être aussi habile que le peintre. On y trouve des fautes qui ne peuvent s'expliquer que parce que deux personnes différentes ont travaillé à la confection du papyrus. Dans le grand papyrus de Dublin (*Da*), visiblement on a commencé par le dessin des vignettes du chapitre 1er auxquelles succèdent celles du chapitre 17. Ces vignettes sont très belles et complètes et remplissent presque entièrement toute la longueur du papyrus. A la fin de celles-ci, on a commencé à mettre au-dessous le texte, en laissant l'espace nécessaire pour écrire le nom, sans doute parce que le papyrus n'avait pas encore trouvé d'acheteur. Mais à la fin du chapitre 1er qui coïncide avec celle des vignettes qui s'y rapportent, le scribe a recommencé sous celles-ci, relatives au chapitre 17, par le chapitre premier, il l'a mené jusqu'à la fin et a passé ensuite au chapitre 17 qui pour ce motif est très abrégé et s'arrête au milieu d'un mot. Il est difficile de croire que le même scribe, qui avait si exactement dessiné les vignettes, ait commis une faute aussi grossière. D'autre part, on remarque encore dans le chapitre 1er, reproduit d'après *Ag*, que les vignettes occupaient une plus grande place que le texte et que sur l'espace resté libre on a intercalé un petit chapitre. L'espace, au contraire, que remplissent les vignettes au chapitre 17 est beaucoup trop réduit pour le texte qui lui était destiné. Dans le papyrus *Ba*, toute la dernière partie est mauvaise et ne consiste qu'en des répétitions de chapitres copiés en sens inverse et qui s'y trouvent déjà. Nous voyons là des vignettes, celles par exemple du chapitre 153, qui sans aucun doute avaient été préparées pour un texte, mais sûrement pas dessinées pour le galimatias qu'on a écrit au-dessous. D'une manière générale, on peut affirmer que les papyrus établis de cette façon sont les moins corrects et aussi, que, dans la plupart, leurs chapitres n'y figurent qu'en abrégé. Le scribe nécessairement dépend plus ou moins du peintre dont le travail a précédé le sien ; ne pouvant dépasser les limites à lui assignées, ou bien il s'enferme soudain dans son texte, ce qui est la meilleure solution, ou bien il se donne le texte qui lui est nécessaire à l'aide de lambeaux de phrases sans rapport entre elles et assemblées à la diable. C'est le cas qui se présente dans *Ag*, à la fin du chapitre 17.

Les *Ba* et *Ag* sont des exemples du papyrus dont les vignettes avaient été préparées d'avance mais dont le texte, en même temps que le nom du mort auquel il était destiné, avait été différé ; car dans les deux papyrus c'est bien le même nom qui est inséré dans les colonnes, écrit de la même main qui a écrit le même texte et aucun espace n'a été laissé en blanc dans le but de lui réserver une place. Dans beaucoup de cas on préparait d'avance les vignettes et le texte et on laissait en blanc un espace suffisant pour le nom qu'on insérait plus tard. Nous connaisson . plusieurs de ceux-là, tels que *Ad* et *Pc*, pour ne citer que les plus beaux. Le nom peut, comme dans *Ax*, ne se rencontrer qu'une ou deux fois, il peut même faire complétement défaut, comme dans *Pa*, *Ac*, *Ab*, qui peuvent bien représenter des exemplaires qui n'avaient pas trouvé d'acheteurs, à moins plutôt qu'on ait tenu pour superflue l'inscription du nom et considéré comme déjà suffisant le don du papyrus, ou bien enfin qu'on ait eu cette idée que le même texte pouvait servir pour plusieurs morts. Sous ce rapport, notre unique exemple est dans *Ai*, papyrus qui se trouve partagé entre Londres et Liverpool. Ce document a porté le nom d'un mort qui partout où il figurait a été soigneusement gratté, soit qu'on voulut le vendre, soit qu'on voulut en faire profiter quelqu'autre personne. Ainsi nous possédons des exemples de toutes les manières dont étaient écrits les papyrus mortuaires.

Dans quelle mesure les copistes comprenaient-ils ce qu'ils copiaient ? c'est là une question délicate à laquelle on ne peut donner une réponse uniforme sans même sortir des limites de cette édition. Il n'est, pour moi, pas douteux que les personnes qui ont écrit les papyrus sur lesquels est établie cette édition, tels que *Aa*, *Ab*, *Ad*, *Ca*, *Pa*, *Pb*, *Pc* et même la plupart de ceux dont il est question au hapitre suivant comprenaient ce qu'ils copiaient. Parmi les fautes, assez nombreuses d'ailleurs, dont on peut les rendre responsables, le plus grand nombre doit être attribué plutôt à la négligence et à l'inattention qu'à l'insuffisance de leur instruction. Dans les deux volumes ne notre ouvrage, on trouvera une foule de fautes que j'ai fidèlement reproduites d'après mon principe de ne rien corriger. A la fin de la 20e dynastie, il en va autrement ; c'était alors l'ignorance notoire des scribes, comme nous l'avons établi, qui n'avait d'égale que celle des acheteurs.

Une des fautes les plus fréquentes est la copie à rebours des textes. Nous pouvons, par les exempes de cette espèce, nous faire un jugement sur les documents avec lesquels ils étaient fabriqués. Le scribe a péché en cela, qu'il a méconnu la direction dans laquelle se déroulait le texte et a commencé par la fin. Je prends comme exemple ce qui s'est passé au Papyrus *Ba*. Ce document débute par le chap. 17 que suivent les chapitres *des transformations*. notamment les 83, 84, 77, 78, 81, 86, 87 ; viennent après des fragments du 147, du 146 et du 125 commençant par l'introduction. Et voici que maintenant, vers la fin du papyrus, après le chap. 108, apparaît tout à coup, de nouveau, l'introduction, au chap. 125, à son rang normal, mais suivie immédiatement, en direction inverse, de la plupart des chapitres qu'on nous a déjà donnés tels que 147, 87, 86, 78, 77, 84, 17. Cette circonstance me semble démontrer que, la série des chapitres fautifs allant à l'encontre de celle des chapitres corrects, l'original sur lequel ils ont été copiés était écrit de gauche à droite ; car le scribe qui s'était trompé dans sa direction s'est forcément retrouvé dans le bon chemin en recommençant les chapitres déjà donnés. Pour plus de clarté je reproduis ici le chap. 77 tel qu'il est écrit de façon erronée et comme il aurait dû l'être si on l'avait écrit correctement ; seulement les types d'écritures m'obligent à tourner tous les signes à gauche, ce qui n'arrive jamais dans les papyrus de cette édition.

DOUBLE TABLEAU

DU

Chapitre 77 du Todtenbuch

A. — Texte défectueux, page 42, du volume d'introduction de M. Naville.

B. — Texte corrigé, page 43, en face du défectueux, page 42.

Mon imprimeur ne pouvant reproduire les textes hiéroglyphes, je suis obligé de renvoyer au volume d'introduction de l'ouvrage de M. Naville : *Le Todtenbuch égyptien de la 18e à la 20e dynastie*, pages 42 et 43.

Nous avons donc ci-dessus le texte incorrect tel qu'il se trouve à la fin du papyrus (A, à la p. 42 et le même texte rectifié en face, avec chaque ligne à sa juste place et tel que l'aurait dû donner le document (B, à la p. 43).

Il n'y a lieu de tenir compte de la direction des signes qui sont tournés à gauche, alors que dans les papyrus thébains ils regardent toujours à droite. Ici se présente une erreur dans la disposition des colonnes qui consiste en ceci : Le scribe, par négligence ou quelque autre motif à rechercher ci-après, a entrepris sa tâche en commençant par la fin, d'où suit qu'il fait sa colonne I avec la colonne finale du document (B). La direction de sa copie va, sans changement, de gauche à droite ; mais comme les signes de la colonne 7 (B) n'ont pas suffi à remplir sa ligne, ou plutôt sa colonne I, il l'a complétée avec les premiers signes de la colonne 6 (B), du restant de laquelle il fait sa colonne ou ligne 2 et une partie de la troisième, et cette marche continue tout le long du chapitre. Cela explique pourquoi les signes NA (lig. 6 B) qui viennent après les mots « ils s'inclinent » de la ligne 5 se trouvent insérés en A dans les derniers signes de la ligne ou colonne I. Au lieu d'être rattachée à ce qui la devrait précéder, chaque ligne est reliée par sa fin avec la suivante. De là la confusion presque inextricable et le fait que les colonnes du document et celles de la copie n'ont pas la même longueur. En admettant que le copiste ait eu devant lui un modèle dont les colonnes étaient de même longueur et qui n'avaient pas de vignettes, que son propre papyrus ait eu les mêmes dimensions et que ses colonnes eussent été calculées pour le même nombre de signes que le document, l'erreur n'eut consisté que dans la rotation des chapitres, de sorte que le texte anrait marché de droite à gauche, comme dans les papyrus passablement nombreux que nous connaissons. Mais ce n'est pas le cas où nous nous trouvons. Les colonnes n'ont pas la même longueur dans les deux documents, comme aussi l'espace destiné à la vignette n'est pas le même; d'où ce pêle-mêle du copiste qui amène le titre du chapitre au milieu de la dernière colonne. Des papyrus entiers sont écrits de cette façon, et si on voulait se donner la peine de rétablir leurs textes, on retrouverait la disposition du document d'après lequel ils ont été écrits.

Cette erreur grossière nous apprend cependant que les documents dont se servaient les copistes étaient écrits en colonnes verticales, par conséquent en hiéroglyphes. Nous possédons, il est vrai, dans les papyrus anciens de Berlin des textes hiératiques en lignes verticales formées de très courtes colonnes, mais elles constituent une exception. La très grande quantité des textes hiératiques, même des anciens, sont écrits en lignes horizontales avec lesquelles une pareille erreur de copie n'est pas possible. Et n'est-ce pas là encore un autre fait qui prouve qu'il ne faut pas chercher les premiers textes du *Livre des Morts* dans les écrits en hiératique. Il doit avoir existé parmi les documents des textes dont l'écriture allait de droite à gauche puisque plusieurs des papyrus dont nous nous sommes servis sont ainsi tracés, et même de très beaux, comme celui figurant sous *La*. Cette direction est conforme à celle des signes; l'autre, la plus fréquente, se rattache, comme l'a montré Lepsius, à une idée religieuse. La vie est considérée comme un chemin qui va vers l'ouest, c'est-à-dire qui se dirige à droite. Admettant même qu'il y ait eu des documents écrits dans les deux directions, on ne se demande pas moins comment un scribe a pu commettre une erreur comme celle qui vient d'être exposée. Quand il faisait sa copie sur un papyrus qu'il n'avait qu'à suivre, quel motif a-t-il eu de changer tout d'un coup sa direction? Pourquoi un papyrus correct dans son entier offre-t-il soudain un chapitre défectueux, comme c'est le cas dans le papyrus de *Soutimès* (Ps) avec le chap. 110 et un morceau du 149 ? Le motif semble être celui-ci : les scribes faisaient leurs copies sur des modèles qui étaient suspendus tout autour d'eux, suivant les dispositions des murs de la chambre dans laquelle ils travaillaient. Il se peut que cette disposition répondît à l'idée qu'ils se faisaient de la façon dont ces textes étaient écrits dans l'Amenti ; et cependant, sauf l'exception du chap. 151, l'orientation des chapitres du todtenbuch n'est pas mentionnée comme elle l'est dans le livre de l'hémisphère inférieure, où les indications signalent chaque fois, que le texte est la copie exacte de ce qu'on voit sur un des quatre murs de la chambre mystérieuse de l'Amenti. Etant données les habitudes orientales, nous ne pouvons admettre que les scribes faisaient comme nous leurs copies assis à une table, ayant leur document devant eux qu'ils pouvaient déplacer à leur gré. Il est plus croyable que les modèles étaient fixes et que les scribes changeaient de place, comme nous le faisons quand nous copions les inscriptions des tombeaux et des temples. Si par exemple on veut copier le texte d'entrée du tombeau de *Seti I*, on remarque d'abord qu'il commence à gauche de la porte et qu'il se déroule sur le mur gauche jusqu'à l'extrémité de la salle ; il passe ensuite sur l'autre côté et revient sur le mur de droite jusqu'à l'entrée, de sorte que la dernière colonne du texte de droite se trouve juste en face de la première de gauche. Supposons à présent qu'un scribe a autour de soi un modèle ainsi disposé. Si, au lieu de la gauche il commence par la droite, il fera dès le commencement sa copie à l'inverse du cours du texte; ou bien si, parvenu à l'extrémité de la chambre, il revient à sa place d'entrée et reprend à partir de là la copie du texte de droite, il commettra la même faute que nous avons constatée dans le papyrus B a, bien que le commencement de la copie soit peut-être correct. C'est ainsi que m'apparaît l'unique explication admissible de cette écriture erronée. C'est cependant un point de médiocre importance ; il est plus essentiel de reconnaître la faute que de l'expliquer. Si je me suis attardé un peu longuement sur les procédés et les erreurs des scribes, c'est que j'ai voulu avertir les personnes trop enclines à l'aveugle confiance et montrer en même temps combien il est nécessaire de se mettre en présence de plusieurs textes parallèles. Nous revenons à l'idée première qui a donné naissance à cet ouvrage. Pour parvenir à l'intelligence du todtenbuch, la comparaison est l'unique méthode applicable et le seul moyen permettant le succès.

Tulle — Imprimerie Crauffon

www.ingramcontent.com/pod-product-compliance
Ingram Content Group UK Ltd.
Pitfield, Milton Keynes, MK11 3LW, UK
UKHW012258240726
13966UKWH00004B/1471

9 782012 894402